Het idee van ondernemerschap is een leugen.

Het is betoverend om je te laten denken dat je het niet kunt hebben. En jij kan. Ik mag je dit niet vertellen. Als u al wist dat u als ondernemer geboren was, zou u zich anders gedragen. Je leven zou drastisch veranderen. Ayodeji Awosika zei het perfect:

Voordat u zegt dat u geen ondernemer bent, moet u begrijpen dat u dat wel bent. Je hebt maar één klant.

Je hebt al één klant met een annuleringsbeleid van 4 weken.

Ondernemerschap wordt omschreven als het nemen van risico's en door een vaste 9-5 baan te hebben, neem je risico's. Er is een kans dat u die ene klant verliest.

Als ik tegen je zou zeggen dat we samen een miljoenenbedrijf zouden starten en maar één klant zouden hebben, zou je denken dat ik gek ben, toch? Nou, als je jezelf en je behoefte om de kost te verdienen niet als ondernemerschap behandelt, doe je precies dat.

In 2014 ben ik begonnen met acteren in mijn carrière zoals een ondernemer dat zou doen. De eerste stap om dat bedrijf te starten, was het maken van inhoud.

De tweede stap was ondernemerschap als volgt te bekijken:

- Ondernemerschap is hoe je denkt

- Ondernemerschap is hoe je naar de wereld kijkt

- Ondernemerschap is een uiting van creativiteit

- Ondernemen is iets nieuws creëren

Dit zijn de radicale verschuivingen die optreden wanneer u zich realiseert dat u al een ondernemer bent.

U behandelt uw werkgever als een klant

Mijn eerste klant als ondernemer was een bank.

Ze betaalden me om financiële producten te verkopen en fintech-partnerschappen te creëren.

Ik heb het tot mijn verantwoordelijkheid gemaakt om hun productenpakket te helpen verbeteren, zodat we allebei meer geld kunnen verdienen.

Klagen over de mensen die ze naast mij in dienst hadden, was tijdverspilling. Ik heb mijn inspanningen gericht op de groei van ons bedrijf.

En ik deed.

Ik heb die resultaten ingeruild voor flexibiliteit om meer klanten aan te trekken. Mijn tweede cliënt was iemand die op zoek was naar coaching. Ze wilden hun vaardigheden op het gebied van sociale media verbeteren en verantwoordelijk worden gehouden. Ze boden aan om me te betalen en ik accepteerde het, zonder te beseffen dat ik goed op weg was naar ondernemerschap.

U diversifieert risico's

Het probleem als u vergeet dat u ondernemer bent door een baan te hebben, is dat u per ongeluk op één bron van inkomsten vertrouwt.

Wanneer onzekere tijden toeslaan, blijf je op straat smeken om een andere baan op hetzelfde moment als iedereen, waardoor je veel minder wordt betaald voor je vaardigheden.

Het hebben van één klant is gevaarlijk voor uw leven. U zult waarschijnlijk sneller zonder geld komen te zitten dan u denkt. Waarom zou je in een financiële ondergang gaan als dat niet nodig is?

De belangrijkste reden waarom ondernemend denken de sleutel is, is dat je gaat nadenken over hoe je meer klanten kunt aantrekken. Je hebt een aantal vaardigheden en je kunt ze verkopen aan de hoogste bieder, de op een na hoogste bieder en zelfs de persoon die bereid is je 50% minder te betalen.

Denk minder na over hoeveel u wordt betaald en meer over hoeveel klanten u kunt krijgen om u te betalen.

Naarmate uw vaardigheden en carrière groeien, kunt u de waardeloze betalende klanten inruilen voor betere klanten die u meer betalen en u beter behandelen.

U vindt creatieve manieren om geld te verdienen

Als de zakenwereld jouw oester is, vind je creatieve manieren om geld te verdienen. Een salaris wordt slechts één vorm van betaling.

Prestatieprikkels, 4-daagse werkweken werken, extra vrije tijd, extra leren en verschillende bonusstructuren worden allemaal mogelijk.

Soms kan een flexibele bron van inkomsten een enorm voordeel zijn. U kunt wat u in goede tijden verdient, gebruiken voor investeringen die u uitbetalen in de onzekere tijden, wanneer de zaken van uw klant traag zijn.

Hoe u relaties opbouwt, verandert

Een relatie die u opbouwt tijdens uw 9-5 baan, kan later een toekomstige klant in uw bedrijf worden. Iedereen die in uw bedrijf werkt, wordt een potentiële kandidaat op basis van zijn vaardigheden.

Door niet te denken dat je een baan hebt, vermijd je kortetermijndenken en concentreer je je op hoe mensen je nu kunnen helpen, in plaats van later.

Je verandert een "vraag" om hulp in een cliënt

Wist je dat reacties op sociale media eigenlijk gewoon verborgen klanten zijn?

Wist je dat e-mails en directe berichten ook verborgen klanten zijn?

Door uzelf als ondernemer te beschouwen, kunt u gesprekken als potentiële zakelijke kansen beschouwen. Iedereen met wie u praat, kan deel uitmaken van uw bedrijf. De beste geldmaker op internet,volgens Gary Vaynerchuk, zijn directe berichten. Dit is ook mijn ervaring geweest.

Ondernemerschap wordt een mentaliteit

Zoals u kunt zien, is ondernemerschap slechts een manier van denken. Hoe u over uw baan denkt, bepaalt hoe u zich op het werk gedraagt en wat uw ideeën en overtuigingen over geld zijn.

Verander wat jij gelooft dat mogelijk is door het label "baan" te verwijderen en het te vervangen door "ondernemerschap", en je zult je leven volledig veranderen.

Tijdmanagement is de sleutel

Om meer dan één klant te hebben, is er één probleem: u moet goed omgaan met uw tijd.

Eigenlijk moet je ook het woord tijd heroverwegen.

De verschuiving die me hielp, was tijd boven geld te waarderen.

Ik werk niet voor geld; Ik werk voor tijd.

Als je tijd hebt, kun je zoveel meer doen, zoals een tweede klant zoeken.

Je bent als ondernemer geboren. Behandel uw werkgever als uw eerste klant en u begint een bedrijf op te bouwen dat u zal helpen meer te ontspannen, uw inkomen te diversifiëren, het rustig aan te doen in onzekere tijden en meer van het soort werk te vinden dat u leuk vindt.

Krijg je ooit een bedriegersyndroom voordat je met iemand praat die succes heeft dat je bewondert? Dat is precies hoe ik me voelde voor een telefoontje met Todd Brison, een bestsellerauteur op het gebied van creativiteit, die alles had gedaan met een 9-5. Maar het bedriegersyndroom moest vechten met mijn reddingscomplex waar ik nuttig moest zijn.

Gelukkig won mijn redderscomplex het. Todd kreeg huisarrest en stelde me open voor de uitdagingen waarmee hij te maken kreeg. Hij schreef gratis meer dan 700 artikelen en wilde een realistische manier om er geld mee te verdienen. Het opnieuw publiceren was gemakkelijk; 5–10 minuten werk van kopiëren en plakken en wat opnieuw formatteren. Maar de gedachte dit zo vaak te moeten doen, leidde tot uitstel.

Hij dacht aan een technologische oplossing, maar een deel van zijn werk was tijdkritisch. Het publiceren van een verhaal over een gebeurtenis die drie jaar geleden plaatsvond, zou zijn fans vrij snel in verwarring brengen. Hoe zou een algoritme dit uitwerken? Toch had hij aan niets eenvoudigs gedacht. Hij hoefde het vuile werk niet zelf te doen.

Ik stelde voor dat hij een tienerkind betaalde van iemand die hij kende om het voor hem te doen. Het zou een win-win zijn voor iedereen, vooral

voor iemand die geïnteresseerd is in schrijven.
Todd zou vrij zijn om de creatieve kant waar hij
van hield, voort te zetten. De helper zou een voor
hen zinvol inkomen verdienen en van een
deskundige leren. Todd betaalt gemiddeld $ 10- $
50 per artikel waarmee inkomsten worden
gegenereerd, maar sommige gaan viraal en
verdienen er duizenden alleen! Zelfs als 1% van
de artikelen $ 1000 verdiende en de rest in het
gemiddelde bereik viel, zou hij gemakkelijk $
30000 overtreffen.

Als dat zo is, verdien ik geen cent, maar ik heb er geen spijt van.

Waarde is in de ogen van de toeschouwer

Dit idee was zo waardevol voor Todd vanwege jaren van hard werken dat hij zo'n backbibliotheek had. Ik heb geen 700 gratis artikelen geschreven, dus ik had al snel geen taken meer voor een tiener.

Als ik het idee geheim had gehouden, had ik alleen maar iemand anders een potentieel inkomen kunnen ontnemen. Het heeft me niets gekost om op het idee te komen, ik ben niets verloren. Er zijn dus twee scenario's. Ik blijf stil en we zijn allebei neutraal of ik praat en ik blijf hetzelfde en hij wint. De wiskunde is eenvoudig, iemand die wint is beter dan niemand!

Het is belangrijk om te onthouden dat het potentiële geld van deze artikelen is afgeleid van de waarde die het toevoegt aan het leven van de lezers. Dit idee helpt niet alleen Todd, maar mogelijk ook miljoenen lezers. Hetzelfde geldt voor bijna elk klantgericht product. Als je iemand steunt om zijn bereik te vergroten, dan help je alle mensen die hem ontdekken ook.

Authentieke vrijgevigheid versterkt relaties

Wanneer u zaken met anderen praat, kunt u gemakkelijk verdwalen in wat u eruit kunt halen. Misschien lezen sommigen van jullie dit en denken dat ik hem alleen het idee heb gegeven om een soort schuld te creëren. Toch kun je mensen helpen zonder een meester-manipulator zoals Machiavelli te zijn.

Relaties op basis van een grootboek van wie wat heeft gedaan, kunnen uitputtend zijn. Ik geloof niet in terughoudendheid totdat de boeken in evenwicht zijn. Het is een klassieke misvatting van een aardige kerel om te helpen met de verwachting dat er iets terugkomt. Je bent niet aardig als je alleen doet als je iets terug wilt.

Toen Todd het idee leuk vond, lichtte ik op, ik was blij dat dit een positieve impact op zijn leven zou hebben. Ik wil dat hij het goed doet. Kun je dit eerlijk over anderen zeggen, zelfs als je nooit meer met ze praat? Je hoopt dat je vrienden en familie blij voor je zijn als je slaagt. Oefen het vormen van relaties op deze manier totdat het uw standaard wordt.

Oefen uw vaardigheden op verschillende problemen

Wanneer u anderen helpt, kunt u uw probleemoplossende spieren buigen. De eenzame wolf wordt beperkt door hun problemen. Door zelfgeobsedeerd te zijn, missen ze veel kansen om te groeien.

Waarom lees je dit nu? Je wilt leren van de ervaringen van anderen. De beste manier om dit te doen, is door bij hen te zijn. Als je probeert te begrijpen hoe je veelvoorkomende opstartproblemen kunt aanpakken, help dan je vrienden! Je zult ze doorstaan en dezelfde lessen leren als zij. Hun manier van kijken kan anders zijn dan die van jou en je kunt dit toevoegen aan je toolset.

Als u hiervan een gewoonte maakt, kunt u uw bedrijf een jaar runnen maar heeft u de kennis van tien jaar. Welke snellere manier om te leren is er?

Hoe meer mensen je helpt, hoe diverser de problemen zijn. Het maakt je veel veerkrachtiger als er problemen aan je deur kloppen.

Altruïsme bevordert uw gezondheid

Het is geen geheim dat een gelukkige geest helpt om tot een gezond lichaam te leiden. De drukte van het moderne leven kan betekenen dat we verdrinken in ons stresshormoon, cortisol. Dit heeft allerlei nare gevolgen voor ons. Je goed voelen over jezelf is geen luxe, het is een noodzaak.

De high van de helper is de warme gloed die we voelen nadat we er voor iemand anders zijn geweest. Ik voelde het nadat ik Todd had geholpen. Ons lichaam maakt endorfine vrij en nog beter, we hoeven ons niet schuldig te voelen voor dit soort plezier. Het is minder gevaarlijk dan veel andere manieren om een high na te jagen! Zorg ervoor dat u opmerkzaam blijft om een burn-out te voorkomen.

Door waarde toe te voegen aan anderen en niet in ruil daarvoor om hulp te vragen, bent u in feite vrijwilliger. Uit een onderzoek van de University of Pennsylvania bleek dat het bedrag dat u als vrijwilliger aanbiedt, een significante voorspeller is van mentale en fysieke gezondheid. Als je je op dit moment een beetje verloren voelt, kan het helpen van anderen misschien de uitweg voor je zijn. Dit is onbetaalbaar.

Wat je moet meenemen

De waarde van een idee gaat veel verder dan wat u ermee kunt verdienen. Als je alles met een dollarbril bekijkt, rem je je potentieel.

Als een idee waardeloos voor u is, maar veel voor iemand anders kan betekenen, waarom zou u het dan niet weggeven? Dit kan de sterkte van uw relatie vergroten, vooral als u niet volgt. Door de problemen van anderen op te lossen, worden uw vaardigheden verbeterd om toekomstige problemen op te lossen. Last but not least: de high die je krijgt als je iets weggeeft, kan je mentale en fysieke gezondheid verbeteren.

Als u zich als een ondernemer gedraagt, zult u meer geld verdienen dan u zich ooit kunt voorstellen, dat u kunt gebruiken om anderen te helpen die het nodig hebben.

Bedankt voor het lezen en een fijne dag gewenst!